Lk 7/366.

LA CHAPELLE

DE

NOTRE-DAME D'ARCACHON

ESQUISSE HISTORIQUE

Par M. Oscar DEJEAN,

Ancien Maire de La Teste, Juge de paix du canton de Pessac,
Membre du Conseil de Fabrique d'Arcachon, etc., etc.

Ave, maris Stella!

BORDEAUX

IMPRIMERIE GÉNÉRALE DE Mme CRUGY

rue et hôtel Saint-Siméon, 16.

1856

LA CHAPELLE
DE
NOTRE-DAME D'ARCACHON

ESQUISSE HISTORIQUE

Quatre siècles se sont bientôt écoulés depuis qu'un vénérable anachorète a érigé l'autel de Marie sur la côte d'Arcachon, si souvent désolée par d'immenses naufrages. Ce furent d'abord les populations maritimes du littoral du Bassin qui déposèrent seules leurs hommages et leurs vœux au pied de la statue miraculeuse de l'Étoile des mers; les habitants de la contrée des Landes y vinrent ensuite, et insensiblement Notre-Dame d'Arcachon fut connue et invoquée dans toute la Gascogne.

Mais là ne devait pas s'arrêter le prodigieux développement de ce saint pèlerinage. Tandis que les bains de mer de cette plage sans rivale attiraient à eux la France et l'Europe, la Vierge d'Arcachon voyait se prosterner dans son agreste sanctuaire une foule toujours croissante de fidèles de tous les âges, de toutes les conditions, de tous les pays, et, non contente de verser dans l'âme de ces pieux pèlerins les ineffables trésors de sa maternelle bonté, elle se plaisait encore à soulager leurs douleurs physiques, à rendre à leurs corps la force et la santé qu'ils avaient perdues.

Aujourd'hui, le nom béni de Notre-Dame d'Arcachon, porté sur les ailes de la reconnaissance et de la piété, se répand dans les contrées les plus lointaines. Des voix éloquentes, redisant au monde catholique l'étendue de ses bienfaits, appellent aux pieds de la Reine des pêcheurs tous les enfants de Marie...

Qu'il nous soit permis de suivre un si magnifique exemple, et de contribuer, pour notre faible part, à faire connaître ce sanctuaire vénéré, en esquissant rapidement son histoire.

§ Ier.

1488-1624.

Un des plus anciens Captaux de Buch, *Pierre de Bordeaux,* seigneur de Puypaulin et de Castelnau en Médoc, avait fondé, en 1247, dans cette ville de Bordeaux dont il portait le nom, un couvent de Cordeliers de la grande observance de saint François d'Assise.

Environ deux cents ans plus tard, vers la fin du quinzième siècle, un religieux de cet ordre, le frère *Thomas Illyricus,* après avoir ravi et édifié l'Italie par son éloquence et sa sainteté, arriva d'Ancône à Bordeaux, pour s'y livrer à la prédication. Une large place existait à l'entrée du couvent de la Grande-Observance ; ce fut là qu'il établit sa chaire, les plus vastes églises étant insuffisantes pour contenir la foule qui se pressait autour de lui, avide d'entendre sa parole.

Doué d'un zèle ardent et d'une grande puissance d'élocution, Illyricus travaillait depuis longtemps, avec un rare succès, au salut de ses frères, lorsqu'il sentit qu'après tant de triomphes et de labeurs, son âme avait besoin de recueillement et de solitude. Il renonça à la prédication, partit de Bordeaux, et gagna, à travers les landes, les dunes du bassin d'Arcachon. Arrivé en face du cap Ferret, il fut frappé de la splendide beauté du tableau qui se déroulait devant ses yeux, en même temps que de la désolation qui régnait autour de lui, et il s'établit aussitôt dans ce désert aride, qui lui offrait à la fois la mortification du corps par les privations inhérentes à un pareil séjour, et l'élévation de l'âme par la contemplation des œuvres de Dieu.

Il vécut là plusieurs années, se livrant tour à tour à la prière, à l'étude, à la méditation, et il écrivit l'ouvrage intitulé : *Qualités d'un vrai prélat.*

De la cabane de chaume qu'il habitait, vis-à-vis l'entrée du Bassin, le frère Thomas aperçut un jour, pendant la plus affreuse tempête, deux pauvres navires, que la violence des vents et de la mer allait jeter sur la côte inhospitalière de l'Océan, où leur perte était assurée. A la vue de ce naufrage imminent, le pieux Cordelier s'élance hors de sa demeure, il tombe à genoux, trace du doigt sur le sable le signe de la croix, et adresse au Dieu des miséricordes, par l'intermédiaire de Marie, une ardente prière. Soudain, *chose non jamais vue*, dit la chronique, les vents et la mer s'apaisent, la tempête cesse, et les deux navires, gagnant paisiblement le large, continuent leur route sans danger.

Peu de jours après, sur le lieu même où il avait obtenu cette miraculeuse délivrance, le vénérable ermite trouvait, à demi couverte par les sables de la plage, une petite statue de la Vierge... Les dégradations qu'a subies cette sainte image indiquent assez qu'elle a été longtemps ballottée par les flots, et qu'elle provient d'un naufrage. Sculptée dans un bloc d'albâtre, elle a cinquante centimètres de hauteur ; la Mère de Dieu est représentée assise, tenant l'Enfant Jésus sur son bras droit, et drapée dans un manteau oriental qui ne laisse apercevoir que l'extrémité de ses pieds. Par sa forme plate et les divers détails de son exécution, cette statue paraît dater du *treizième siècle*. Le frère Thomas la recueille avec un saint respect ; il la transporte dans sa chaumière, et bientôt, à un kilomètre environ au sud-ouest du lieu où se trouve aujourd'hui la Chapelle, il élève, en l'année 1488, un Oratoire en bois, qu'il dédie à *Notre-Dame d'Arcachon,* et dans lequel il place la statue de l'Étoile des mers, si miraculeusement trouvée sur la côte.

S. Ém. le cardinal André d'Espinay était, à cette époque, archevêque de Bordeaux.

Objet de la vénération des marins du littoral, cet humble Oratoire reçut leurs modestes offrandes. Il excita alors la convoitise de quelques pirates, qui, profitant de l'absence de l'ermite, vinrent piller la Chapelle ; mais, à peine eurent-ils levé l'ancre pour franchir la barre, qu'ils touchèrent sur un banc de sable, et, quoique le temps fût calme et serein, ils périrent corps et biens, en vue du lieu qu'ils avaient osé profaner.

Cet événement remarquable, qui fit, dans le pays, une profonde sensation, rendit plus vive encore la foi des habitants de la contrée, et donna un nouvel essor à leur dévotion envers Notre-Dame d'Arcachon.

La piété des fidèles eut promptement réparé les dégâts commis par les forbans, et l'on pourvut alors l'Oratoire d'une cloche, qui fut posée au sommet de la façade de l'édifice, sous un petit toit supporté par quatre colonnettes et surmonté d'une croix.

Le frère Thomas Illyricus mourut sur ce rivage, qu'il avait placé sous la protection spéciale de Marie, et auquel il voulut laisser sa dépouille mortelle comme un dernier gage de dévouement et d'affection. Il fut inhumé derrière le chevet de l'Oratoire, au pied d'un des chênes qu'il avait plantés lui-même.

Un religieux du même ordre vint le remplacer, et les Cordeliers de la Grande-Observance continuèrent ainsi de desservir la Chapelle. La nomination était faite par l'archevêque de Bordeaux, sur la présentation du provincial de l'ordre. Le curé de La Teste exerçait, en outre, un droit de surveillance, et l'administration temporelle était confiée à un marguillier spécial, élu par l'assemblée paroissiale et faisant partie du Conseil de fabrique de La Teste.

§ II.

1624-1722.

Cependant le pèlerinage de Notre-Dame d'Arcachon avait grandi; plus d'un siècle s'était écoulé depuis la construction de l'Oratoire primitif que, par respect pour la mémoire d'Illyricus, on avait toujours laissé dans le même état, se bornant à y faire de simples réparations d'entretien. Le 16 janvier 1624, Son Éminence le cardinal François de Sourdis, ayant reconnu que cette Chapelle était insuffisante et incommode, autorisa le religieux qui la desservait à la réédifier en pierres, sur le même lieu, *sans toutefois que, pour ce faire, il pût aller à la quête hors de la paroisse de La Teste.*

Les intentions de l'illustre prélat furent ponctuellement suivies : on n'accepta aucune autre souscription que celles des habitants de La Teste, dont la pieuse générosité suffit amplement à toutes les dépenses. On se mit à l'œuvre, et, à la place de l'Oratoire en bois, on bâtit une Chapelle en pierres, moins élégante peut-être, mais plus spacieuse et plus solide.

La construction de ce nouvel édifice eut du retentissement ; un plus grand nombre de pèlerins accourut de toutes parts, et, pour favoriser ce pieux empressement, le Cardinal de Sourdis accorda à perpétuité, le 10 mars 1626, une indulgence de cent jours à tous les fidèles qui visiteraient la Chapelle le jour de l'Annonciation, fête patronale de Notre-Dame d'Arcachon.

Le 11 mai suivant, Son Éminence invitait les habitants de la paroisse de Gujan, *où aucuns mouraient subitement, de s'y rendre en procession au jour que le Vicaire aviserait, dimanche ou fête.* Ce conseil fut mis en pratique, et l'on n'invoqua pas en vain la Consolatrice des affligés.

Deux siècles plus tard, à deux fois différentes, en 1832 et en 1849, lorsque le choléra désolait ces contrées, la même confiance et les mêmes prières ont obtenu les mêmes grâces....

Pendant soixante-cinq ans, on ne fit à la nouvelle Chapelle que les réparations indispensables à son entretien ; mais, au mois d'août 1689, sur l'ordre de Monseigneur d'Anglure de Bourlemont, archevêque de Bordeaux, l'autel fut élargi et exhaussé, le sanctuaire orné d'une sainte-table en bois de noyer, la fenêtre de la sacristie fermée d'une grille en fer, et la petite porte de la Chapelle pourvue d'une serrure dont la clef resta dans les mains de l'aumônier.

En 1695, un charpente neuve vint remplacer l'ancienne qui tombait de vétusté.

De graves difficultés s'élevèrent, à cette occasion, entre l'aumônier d'Arcachon, le curé et la Fabrique de La Teste. Monseigneur de Bourlemont usa de son autorité pour les aplanir ; mais, peu d'années après, de nouvelles contestations ayant eu lieu, l'aumônier se retira, et le curé de La Teste demeura chargé de desservir la Chapelle.

A cette époque, comme en 1488, le cap Ferret s'avançait vers le sud d'environ *quatre kilomètres de moins* qu'il ne le fait maintenant ; la Chapelle se trouvait ainsi placée directement vis-à-vis la passe, et cette heureuse situation permettait de voir en même temps *la grande et la petite mer*, l'Océan et le Bassin. Les marins, de leur côté, pouvaient parfaitement apercevoir du large le sanctuaire vénéré de leur auguste Protectrice. Mais, si une telle position avait son charme, elle avait aussi ses dangers. Poussés par le vent, les sables des dunes s'amassaient peu à peu le long des murs, et, dans une assemblée paroissiale du 13 avril 1719, le marguillier Jean Baleste-Guilhem déclara qu'il était urgent de prendre des mesures énergiques pour empêcher la disparition complète de la Chapelle. Une commission fut immédiatement nommée; elle visita l'édifice, rechercha de son mieux quel était le meilleur parti à prendre, et, après bien des études, conclut à ce que les murs fussent exhaussés de six à sept pieds et l'intérieur comblé en proportion, afin d'asseoir la Chapelle au sommet de la dune, position dans laquelle les sables devaient, d'après l'avis de la commission, glisser contre les murs et ne plus s'y amonceler.

En réfléchissant davantage, on ne tarda pas à se convaincre de l'inutilité de ce travail. Quelques personnes pensèrent alors à transporter la Chapelle dans un autre lieu; mais cette proposition fut écartée, et l'on se mit de nouveau à chercher les moyens de conserver ce qui existait encore....

Deux années s'écoulèrent ainsi, pendant lesquelles le mal devint irréparable. Le 9 novembre 1721, M. Cocard, curé de La Teste, réunit l'assemblée paroissiale pour lui annoncer que les sables avaient entièrement couvert la Chapelle depuis huit jours, et qu'il était désormais impossible de la reconstruire au même endroit. On s'adressa alors à Guillaume et Pierre Peyjehan, sieurs de Francon, qui cédèrent gratuitement, dans leur pièce de pins dite de Binette, environ un journal de terrain pour la construction d'une nouvelle Chapelle et de ses dépendances.

D'après l'autorisation de Monseigneur de Voyer de Paulmy d'Argenson, archevêque de Bordeaux, on construisit sur ce terrain, au commencement de 1722, un Oratoire en planches, dans lequel on plaça provisoirement la statue de la sainte Vierge et tous les ornements que l'on put retirer de la Chapelle ensablée. Les cérémonies du culte furent célébrées dans cet Oratoire pendant toute la durée des travaux du nouvel édifice.

§ III.

1722-1856.

Le 4 octobre 1722, M. Penault, curé de La Teste, qui avait succédé à M. Cocard, décédé, convoqua une assemblée paroissiale, dans laquelle le marguillier Jean Baleste-Guilhem annonça que la construction de la Chapelle était en bonne voie d'exécution, mais que les fonds dont il était dépositaire se trouvaient épuisés, et qu'une somme de *huit cents livres* lui était encore absolument nécessaire pour achever les travaux. L'assemblée décida que cette somme serait prise dans la caisse de l'église de La Teste, qui, en diverses circonstances, avait eu recours à celle d'Arcachon; et, à l'instant même, les huit cents livres furent comptées à Baleste-Guilhem.

Animé d'un zèle au-dessus de tout éloge, ce digne administrateur donna alors une vive impulsion aux travaux, qui furent entièrement terminés dès les premiers mois de l'année suivante.

La Chapelle de 1624, comme l'Oratoire du frère Thomas, n'avait qu'un seul autel; on en éleva trois dans le nouvel édifice. Le maître-autel fut consacré à Marie et reçut la statue miraculeuse de l'Étoile des mers; on dédia celui de droite à *sainte Anne*, mère de la sainte Vierge, et celui de gauche à *saint Clair*. Une seconde fête patronale fut également ajoutée à celle du 25 mars, jour de l'Annonciation : ce fut celle de sainte Anne, fixée au 26 juillet.

En même temps que le sanctuaire de Notre-Dame d'Arcachon s'agrandissait, le pèlerinage devenait plus répandu. Le chiffre des recettes se ressentit bientôt de cet accroissement de pieux visiteurs, et, après avoir convenablement décoré le temple de Marie, on put construire, en 1727, auprès de la Chapelle, une petite maison destinée au logement de l'aumônier, et qui prit le nom d'*ermitage*.

Néanmoins, le curé de La Teste demeura encore, jusqu'en 1729, chargé du service d'Arcachon. Le 27 mai de cette même année, les vicaires généraux de l'archevêché de Bordeaux, le siége vacant, nommèrent le frère *Étienne Laulan,* religieux cordelier de la grande observance de Saint-François d'Assise, « pour desservir la chapelle de Notre-Dame » d'Arcachon, y prêcher la parole de Dieu, y » administrer le sacrement de pénitence et y » faire le service accoutumé; » lui permettant,

« pour son entretien et subsistance, de faire la
» quête au lieu de ladite Chapelle et aux envi-
» rons.... »

Les Cordeliers continuèrent de fournir des aumôniers au sanctuaire de Notre-Dame d'Arcachon jusqu'en 1792, où le dernier d'entre eux dut quitter ce rivage sur lequel grondait la tempête révolutionnaire.

A cette époque de douloureuse mémoire, non contents d'avoir fermé la Chapelle, les terroristes voulurent encore lui enlever sa cloche, ses ornements, ses vases sacrés, etc.; mais l'attitude que prit la population, aussitôt qu'elle connut l'ordre venu de Bordeaux à cet effet, en empêcha l'exécution.

Lorsque les édifices religieux furent, plus tard, rendus au culte, le service d'Arcachon revint de nouveau au curé de La Teste, qui se borna à aller dire des messes à la Chapelle toutes les fois qu'elles lui étaient demandées, et à y célébrer les fêtes de l'Annonciation et de sainte Anne. La Chapelle d'Arcachon étant la propriété de la Fabrique de La Teste, son administration temporelle appartint de droit à ce conseil, qui, néanmoins, pour respecter l'intention bien connue des personnes qui faisaient des oblations à Notre-Dame d'Arcachon, eut toujours soin de choisir, parmi ses membres, un trésorier spécial, et de ne point mêler les fonds de la Chapelle avec ceux de l'église de La Teste.

C'est la Chapelle de 1722 qui existe encore aujourd'hui, ainsi que le constate le millésime inscrit au haut de la façade.

Elle a la forme d'un carré long, au fond duquel, faisant face à l'entrée, sont les deux autels latéraux de sainte Anne et de saint Clair. Entre ces deux autels est un arceau, à partir duquel s'ouvre l'abside, plus étroite que ce qui précède et dont le fond est à pans coupés. La sacristie, qui a tout au plus dix mètres carrés de superficie, est à l'extrémité de l'abside; elle est séparée du sanctuaire par une mince cloison en planches à laquelle est adossé le maître-autel, qui, comme les deux autres, fait face à la porte d'entrée.

La statue de Notre-Dame d'Arcachon est sur cet autel. La piété des fidèles l'a vêtue d'une superbe robe brodée, à paillettes d'or, et d'un très-beau voile en dentelle, qui laissent à peine voir la tête de Marie et celle de Jésus, sur chacune desquelles est une riche couronne. Plusieurs cœurs en argent, une chaîne et une croix en vermeil enrichies de pierreries, un scapulaire et quelques autres objets de dévotion dont le nombre augmente chaque jour, entourent le cou de la Vierge et retombent sur le devant de sa robe.

La Chapelle a intérieurement vingt-six mètres quatre-vingt-dix centimètres de longueur, la sacristie comprise, huit mètres quarante-cinq centimètres de largeur de nef, et quatre mètres quarante centimètres de hauteur. Sa porte principale s'ouvre à l'ouest ; il y a en outre une petite porte de service du côté du midi, en regard de l'ancien ermitage.

Une grille en fer battu, d'un joli travail, sépare le chœur de la nef ; elle date de 1769. Une sainte-table en bois renferme les trois autels.

Intérieurement, les murs sont tout recouverts de boiseries ; la voûte est également en planches : la Chapelle est par conséquent peinte en entier. Les peintures faites en 1723 étaient l'œuvre d'un artiste habile ; on n'en peut pas dire autant de celles qui les ont remplacées en 1836, époque où la Chapelle a été entièrement repeinte.

Les trois autels, la sainte-table et la chaire ont été complètement restaurés en 1840 ; ce travail a été fait avec assez d'intelligence et de goût.

A la voûte et aux murs de ce saint temple sont suspendus de nombreux *ex-voto ;* les uns ont été placés là par des marins que Marie a sauvés du naufrage, les autres par des malades dont elle a obtenu la guérison ; tous ils témoignent hautement d'une religieuse confiance en la Vierge d'Arcachon, et attestent avec quelle bonté cette tendre Mère accueille les prières qui lui sont adressées.

Le péristyle, resplendissant de dorure, qui décore actuellement la grande porte, n'existe que depuis 1846 ; il a été substitué à un porche plus modeste, construit en même temps que la Chapelle, et qui, du moins, était en rapport avec l'édifice.

Un escalier en pierres, jadis commode et gracieux, sert à gravir la petite dune sur laquelle est située la Chapelle. Depuis le bas de cet escalier jusqu'au bord du Bassin s'étendait autrefois une superbe avenue de chênes séculaires ; par un déplorable abus du *droit d'usage,* on a abattu ces magnifiques arbres en 1852. Pour réparer autant que possible cet acte de vandalisme, l'administration municipale a fait planter, l'année suivante, l'allée de marronniers qui existe aujourd'hui.

En présence du prodigieux accroissement qu'avait déjà pris Arcachon en 1853, le zèle et l'activité du clergé de La Teste ne suffisaient plus aux besoins du service religieux de cette importante section. Une commission fut instituée, par M. le Maire, pour étudier quelles seraient les meilleures mesures à prendre ; elle se composait de MM. Lamarque de Plaisance, maire, *président*, l'abbé Montariol, *vice-président*, Oscar Dejean, *secrétaire*, Bestaven, Célérier, Dejean (J.-B.), Marichon, Marty, curé de La Teste, Moureau, de Joigny et Legallais fils aîné. Sur la demande de cette commission, l'avis du Conseil de fabrique de La Teste, celui du Conseil municipal. et grâce à l'appui toujours si bienveillant de S. Ém. le Cardinal Donnet et de M. de Mentque, préfet de la Gironde, la Chapelle de Notre-Dame a été érigée en succursale par décret impérial du 15 avril 1854. Quelques jours après, M. l'abbé Mouls était appelé à desservir la nouvelle paroisse, et, le 4 mai suivant, un Conseil de fabrique spécial prenait les rênes de l'administration temporelle de cette église.

Le 8 août de la même année, Son Éminence inaugurait les belles processions nautiques, qui, depuis lors, ont lieu tous les ans sur le bassin d'Arcachon, et dans lesquelles les marins du littoral portent en triomphe, sur les flots, la sainte image de leur auguste Patronne....

Dès la fin de 1854, une loterie, au capital de 60,000 francs, fut organisée par la Fabrique, pour aider à la reconstruction de la Chapelle sur de plus vastes proportions. Par une lettre pastorale du 25 février 1855, S. Ém. le Cardinal-Archevêque de Bordeaux a recommandé cette œuvre importante *aux zélateurs des sanctuaires de Marie et à toutes les personnes généreuses que les bains de mer attirent sur la plage d'Arcachon.*

Pendant cette même année 1855, l'ancien ermitage, dont l'emplacement était indispensable pour la construction de la nouvelle Chapelle, et qui, d'ailleurs, tombait de vétusté, a été remplacé par un presbytère plus convenable et surtout plus solide, dont la gracieuse simplicité contribue déjà à embellir les alentours du sanctuaire de Marie.

Une rustique croix de bois existait, depuis 1722, sur le bord du Bassin, à l'entrée de l'avenue de la Chapelle ; le temps, qui détruit tout, l'avait abattue.... Le 25 mars dernier, fête de l'Annonciation, une croix colossale a été élevée sur le même emplacement.

Par décision de S. Ém. le Cardinal Antonelli, préfet de la congrégation de Notre-Dame de Lorette, en date du 23 mai 1856, la Chapelle de Notre-Dame d'Arcachon a été associée et agrégée à la *Santa Casa* ou maison de Lorette, pour jouir de toutes les faveurs spirituelles attachées à cette bienheureuse maison, qu'habitait la Vierge Marie à Nazareth, dans laquelle s'est accompli le mystère de l'Incarnation du Verbe, et qui a été transportée dans l'église de Lorette, où elle est conservée avec le plus grand soin.

Enfin, il y a quelques jours seulement, le 6 juillet 1856, — date précieuse au cœur de tous les enfants de Marie et surtout aux populations du littoral du Bassin, — S. Ém. le Cardinal Donnet, assisté de LL. GG. les évêques de Nevers, de Gap et de Saint-Flour, après avoir consacré à la Vierge la Société de secours mutuels des marins du quartier de La Teste, a solennellement bénit et posé la première pierre de la nouvelle église de Notre-Dame d'Arcachon.

A cette occasion, Monseigneur Dufêtre, élevant, sur la plage même, son éloquente parole, s'écriait, au nom de la Vierge d'Arcachon : « *Da mihi spatium!* Donnez-moi de l'espace !
» agrandissez mon sanctuaire, afin que tous
» mes enfants puissent venir s'agenouiller à mes
» pieds, et recevoir les témoignages de mon
» ineffable amour. »

Ces vœux seront accomplis.

Dans peu de temps, une vaste et belle église à trois nefs sera construite sur la verte colline où Marie est maintenant invoquée ; l'image de l'Étoile des mers couronnera le frontispice du nouveau sanctuaire, et une flèche élégante, assez élevée pour être aperçue de l'Océan comme du Bassin, fera planer sur ces rivages le signe sacré de la Rédemption !

La Fabrique d'Arcachon vient de faire exécuter et mettre en vente une gravure, qui se recommande à la fois aux amateurs comme œuvre d'art, et aux fidèles comme objet de piété.

En tête de cette ravissante composition est placé le portrait de la Statue miraculeuse de Notre-Dame d'Arcachon, telle qu'on la voit sur le maître-autel de la Chapelle; le centre présente le dessin de l'église qui va être construite, et dont la première pierre a été posée le 6 juillet dernier; tout autour, dans cinq médaillons reliés entre eux par de gracieuses arabesques, sont reproduits l'Oratoire primitif, la Chapelle de 1624, la Chapelle actuelle, l'ancien Ermitage et le nouveau Presbytère; dans le bas, se trouve la Croix colossale récemment plantée sur le bord du Bassin, à l'entrée de l'avenue de la Chapelle.

Cette gravure, qui sort des presses lithographiques de M. Lemercier, de Paris, est un des plus jolis *souvenirs* que l'on puisse emporter des bains de mer d'Arcachon. O. D.

www.ingramcontent.com/pod-product-compliance
Lightning Source LLC
Chambersburg PA
CBHW060559050426
42451CB00011B/1993